Conheça outros títulos da
Coleção *Auto-estima*

A arte de viver, de Sharon Lebell (Epicteto)

Aprendendo a conviver com quem se ama,
de Neale Donald Walsch

A arte da meditação, de Daniel Goleman

A essencial arte de parar, de David Kundtz

Descobrindo a alegria de viver, de Salle Merrill Redfield

Faça o seu coração vibrar, de Osho

Histórias para aquecer o coração dos adolescentes,
de Jack Canfield, Mark V. Hansen e Kimberly Kirberger

Histórias para aquecer o coração dos pais,
de Jack Canfield, Mark Victor Hansen, Jeff Aubery
e Mark & Chrissy Donnelly

Lições sobre amar e viver, de Morrie Schwartz

Praticando o Poder do Agora, de Eckhart Tolle

O poder das afirmações positivas, de Louise Hay

Pequenos milagres, de Yitta Halberstam e Judith Leventhal

Louise Hay

Cultivando a saúde do corpo e da mente

Inclui CD com técnicas de relaxamento e de meditação para gerar bem-estar, harmonia e pensamentos positivos

SEXTANTE

tradução
Claudia Costa Guimarães
Regina da Veiga Pereira

preparo de originais
Regina da Veiga Pereira

revisão
Clara Diament
José Tedin Pinto
Sérgio Bellinello Soares

projeto gráfico e diagramação
Valéria Teixeira

produção do CD
Carlos Irineu da Costa

locução do CD
Juraciara Diácovo

capa
Julio Moreira

fotolitos
RR Donnelley

impressão e acabamento
Bartira Gráfica e Editora S/A

CIP-BRASIL. CATALOGAÇÃO-NA-FONTE
SINDICATO NACIONAL DOS EDITORES DE LIVROS, RJ

H328c Hay, Louise L., 1926-
Cultivando a saúde do corpo e da mente / Louise L. Hay ; tradução de Cláudia Costa e Regina da Veiga Pereira. – Rio de Janeiro : Sextante, 2006.

Tradução de: Self healing
Acompanhado de CD.
ISBN 85-7542-205-7

1. Corpo e mente. 2. Saúde holística. 3. Técnicas de auto-ajuda. I. Título.

05-3922. CDD 158.1
CDU 159.947

Rua Voluntários da Pátria, 45 – Gr. 1.404 – Botafogo
22270-000 – Rio de Janeiro – RJ
Tel.: (21) 2286-9944 – Fax: (21) 2286-9244
E-mail: atendimento@esextante.com.br
www.sextante.com.br

Introdução

Talvez você já me conheça, pois tenho um desejo constante e invisto nele através de meus livros e meditações. Meu desejo é de que as pessoas sejam mais felizes, tomem posse de si mesmas, descubram profundamente os milagres que nelas se operam e todas as suas possibilidades de alegria e realização. Sei que isto é possível, apesar de todas as dificuldades inerentes à vida e de tudo o que conspira contra a felicidade.

Há algumas coisas importantes que eu gostaria de pensar com você. Se nos deixarmos envolver pelo turbilhão do cotidiano, pela forma mecânica com que repetimos os mesmos gestos a cada dia, se não encontrarmos um espaço para nos voltarmos para dentro de nós e refletir, as chances de felicidade diminuem. Por isso faço palestras, escrevo livros e procuro difundir a prática da meditação, buscando ajudar os que me ouvem a atingir a harmonia e a paz para que fomos criados.

À medida que as atingimos, passamos a irradiá-las em torno de nós, com reflexos extremamente positivos em nosso mundo mais próximo e, de forma misteriosa, em todo o universo.

Criei a meditação que acompanha este livro para as pessoas que querem investir em conservar a própria saúde ou se curar de alguma doença, seja ela física ou emocional. A rigor, essa distinção não existe, pois somos seres inteiros e essas duas dimensões estão estreitamente ligadas, influenciando-se mutuamente.

Leia este livro com atenção, vagarosamente, refletindo sobre o que está dito, comparando minhas afirmações com suas situações de vida. Decidi incluir no livro o texto do CD de meditação para que você aprofunde a compreensão do que ali está dito. É possível que, ao ouvir a meditação, você adormeça, pois é intenso o relaxamento que ela produz. Não se importe, pois seu subconsciente estará captando as mensagens e processando-as para o seu bem.

Posso lhe garantir que, não importa qual seja a doença, se você fizer esta meditação com regularidade, sua saúde poderá melhorar. É claro que esta meditação não pretende substituir nenhum tratamento médico, mas ela é um complemento importante para o cultivo do bem-estar e da saúde. E uma pessoa saudável é um ser em posse da sua plenitude. É uma pessoa feliz.

Capítulo I

Certa vez, ouvi uma definição de saúde que fez muito sentido para mim: ter boa saúde é não sentir fadiga, é ter apetite, é adormecer e acordar com facilidade, é ter uma boa memória, é ter bom humor, ser preciso no raciocínio e nas ações, é não ser desajeitado demais, é ser sincero, humilde, grato e amoroso.

Pense em cada um desses elementos e responda: você se considera saudável?

Embora muitas pessoas me vejam como alguém com o poder de curar os outros, eu não curo ninguém. Meu trabalho é ajudar as pessoas a compreenderem como seus pensamentos criam, constantemente, suas próprias experiências de vida – todas elas, tanto as boas quanto as que chamamos de más experiências.

Você já se viu indo para o trabalho remoendo ressentimentos em relação a um colega ou alimentando sua insegurança por causa de uma tarefa que lhe foi solicitada? É um exemplo simples, mas que ajuda a entender o que afirmo. Se, em vez de pensar negativamente, você procurasse pensar nas razões que poderiam ter levado o companheiro de escritório à atitude agressiva, e imaginasse formas afetuosas de resolver o conflito, seu encontro com ele poderia gerar uma aproximação feliz para ambos. Se, em vez de inventariar suas próprias falhas, você tomasse consciência de sua capacidade e repetisse para si que poderia realizar a tarefa solicitada com sucesso – pedindo ajuda se precisasse –, provavelmente você a desempenharia com outro ânimo e competência.

Nossos pensamentos podem, da mesma forma, estar contribuindo para o bem-estar ou para o mal-estar de nossos corpos. Não queremos ficar doentes e, no entanto, precisamos de cada doença que contraímos. É a maneira que nossos corpos encontram para nos dizerem que estamos com uma idéia errada, com uma percepção falsa, e que precisamos mudar nossa forma de pensar. Tenho uma amiga que precisou passar por uma pneumonia grave para concluir que era indispensável mudar seu ritmo de vida e fazer uma terapia que a ajudasse a rever seus relacionamentos. Há pessoas que usam a doença como forma de não assumir compromissos, mantendo-se permanentemente numa situação fragilizada.

Cada doença é uma lição que precisamos aprender. Por favor, não fique só reclamando: *quero me livrar desta doença.* Isso não vai trazer a cura que você deseja e você não vai aprender a lição de que necessita.

Não se coloque também numa atitude defensiva, como se a doença fosse uma espécie de acusação. Não se trata de condenar nem de sentir nenhuma culpa. Tanto na doença quanto em qualquer situação de vida, o importante é observar o que está acontecendo conosco para entender o que precisa ser libertado e transformado. Se você está lendo este livro, é porque o título lhe pareceu atraente, o que significa que você deseja investir na sua saúde. Então eu lhe digo: é hora de se curar, de tornar sua vida e seu corpo íntegros.

Eu sei que você tem, dentro de si, tudo de que precisa para conseguir isso.

Quando você começar a compreender o processo que leva à saúde ou à doença, será capaz de assumir o controle consciente das mudanças que deseja fazer. É um processo muito emocionante que vai se tornar uma das aventuras mais felizes da sua vida.

Acredito que existe um centro de sabedoria dentro de cada um de nós e que, quando estamos prontos para fazer mudanças positivas, atraímos o que é necessário para nos ajudar. O próprio fato de ter descoberto este livro significa que você já está a caminho da cura. Pode ter certeza de que alguma coisa dentro de você se transformou e o processo de cura já começou.

Pare um instante a leitura e diga em voz alta: *Eu já comecei o meu processo de cura.*

Capítulo II

O corpo é um espelho das nossas crenças e dos nossos pensamentos mais íntimos. O corpo está sempre conversando conosco. É preciso aprender a escutar o que ele tem a dizer.

Cada célula reage a cada pensamento seu, a cada palavra que você pronuncia. Por isso, se prolongamos durante muito tempo determinadas formas de pensar e de falar, elas irão produzir comportamentos e posturas corporais, assim como um maior ou menor bem-estar. Suas palavras e pensamentos contribuem para sua saúde ou sua doença.

Uma pessoa que está sempre com o rosto fechado provavelmente não tem muitos pensamentos alegres e amorosos. Os rostos e corpos dos mais velhos mostram claramente como foi sua vida e seus comportamentos. Pare um pouco e pense: que aparência eu vou ter quando entrar na terceira idade?

Como acredito que todos nós nascemos com o direito de ser completamente saudáveis e satisfeitos em todas as áreas de nossas vidas, quero ajudar você a conquistar esse direito agora. Algumas das coisas que vou sugerir talvez pareçam simples demais, mas fique sabendo que estas idéias foram testadas muitas vezes com enorme sucesso. Elas funcionam de verdade.

Isto não quer dizer que você deva deixar seu médico ou

terapeuta. De forma nenhuma. Estas sugestões servirão para complementar o tratamento que você estiver fazendo e, pode ter certeza, vão ser proveitosas para vocês dois.

Capítulo
III

Antes de continuar a ler este texto, repare no seu corpo. Coloque-se numa posição confortável, respire fundo e procure relaxar. Abra-se para acolher todas as idéias, aceitando apenas as que se aplicam ou fazem sentido para você. Vale a pena reler este livro ou trechos dele algumas vezes, para que o que ele contém vá criando em você uma nova consciência. A meditação contida no CD reforçará essa consciência.

Acredito que toda doença é uma criação própria. É claro que não dizemos *quero ter tal doença*, mas criamos um ambiente mental que faz com que a doença apareça e se desenvolva. Volto a repetir: nossos diálogos interiores provocam reações em cada célula do corpo.

Ouvi um médico dizer recentemente: "Se um cirurgião operar um paciente sem fazer coisa alguma para ajudar a descobrir e curar a causa da doença, ele estará apenas adiando o problema, pois o paciente criará um outro mal-estar." Não basta tratar o sintoma. Precisamos eliminar a causa da doença. E para isso precisamos penetrar no lugar, dentro de nós mesmos, onde o processo teve início.

Somos profundamente responsáveis por quase todas as experiências por que passamos em nossas vidas. Tanto as melhores quanto as piores. Porque, como já disse, somos nós que criamos nossas experiências através dos pensamentos que temos e das palavras que pronunciamos.

O universo apóia completamente nosso diálogo interior. Nosso subconsciente aceita como verdade aquilo em que escolhemos acreditar. Isto significa que o que acredito ser verdade a meu próprio respeito e a respeito da vida se tornará verdade para mim. Essa é uma escolha que você faz. É claro que os pensamentos vêm à cabeça sem nosso controle, mas, ao reconhecê-los, você pode alimentá-los ou procurar desapegar-se deles, tentando olhar a realidade de outra perspectiva. Temos também o impulso de pronunciar certas palavras, mas somos capazes de silenciá-las ou substituí-las por outras mais amorosas, impregnadas de compreensão e tolerância.

O que pensamos e sentimos a respeito de nós mesmos e de nossa vida formou-se desde criança, pelas reações e comportamentos dos adultos que nos rodeavam. Assim, se você viveu com pessoas assustadas ou com pessoas extremamente infelizes, aprendeu uma porção de coisas negativas a seu próprio respeito e a respeito da vida. E é possível que ainda acredite nelas.

Não estou dizendo isso para que culpemos nossos pais. Eles provavelmente foram vítimas de seus próprios pais e não podiam nos ensinar o que não sabiam. Se sua mãe não gostava dela mesma e se seu pai não sabia ser carinhoso e atento, eles não teriam condição de ensinar você a se amar e a se tratar com carinho e atenção. Por mais bem-intencionados que fossem.

Acredito que escolhemos nossos pais. Cada um de nós decide encarnar neste planeta em épocas e locais específicos. Fazemos assim porque estamos neste mundo para aprender as lições que nos farão avançar em nosso caminho espiritual. Para isso, escolhemos nosso sexo, nossa cor, nosso país e as pessoas que nos farão ter as experiências de que precisamos para evoluir.

Muitas vezes, quando crescemos, acusamos nossos pais e nos queixamos: "foi você quem fez isto comigo, a culpa é sua". Mas, na verdade, nós os escolhemos, porque era com eles que podíamos viver aquilo que queríamos aprender a superar.

Passamos a vida criando experiências que combinem com as crenças adquiridas na infância. Olhe para trás e observe quantas vezes você passou pelo mesmo tipo de relacionamento e pela mesma qualidade de problema. É bem possível que você tenha criado essas experiências repetidamente porque elas refletem o que você pensa a seu respeito.

Mas não adianta ficar remoendo os problemas do passado, porque é o momento presente que importa. O que aconteceu no passado, até este momento, foi criado por você, com seus próprios pensamentos e antigas crenças, sem que você se desse conta. *Mas o que você escolhe pensar, acreditar e dizer hoje, neste exato lugar, neste exato momento, está criando o seu futuro*. Seu diálogo interior de agora está criando o seu amanhã, a semana que vem, o próximo mês e o ano que vem.

Então, preste atenção no que você está pensando neste instante. Você quer que este pensamento crie o seu futuro? Ele é negativo ou é positivo? Observe, preste atenção.

Não existe certo ou errado no que pensamos, e volto a dizer que não quero nunca explorar o sentimento de culpa. Pelo contrário, quero eliminá-lo, porque ele paralisa e não faz crescer. Estou querendo apenas que você entre em contato com o que está pensando, porque em geral nós tomamos muito pouca consciência do que se passa em nossas mentes e em nossos corpos. Só prestamos atenção quando ficamos doentes ou quando sentimos dor.

E, se não sabemos o que está se passando dentro de nós, como poderemos mudar?

Capítulo
IV

Qualquer que seja o problema, a única coisa com a qual estamos lidando, sempre, é com um pensamento. E um pensamento pode ser mudado.

Você pode ter o seguinte pensamento: *sou uma pessoa desprezível.* Este pensamento produz um sentimento e você o aceita como sendo verdade.

No entanto, se você eliminar o pensamento, não terá o sentimento.

Mais uma vez: os pensamentos podem ser mudados! Mude o pensamento e o sentimento terá de ir embora. Talvez você ainda não acredite, mas tenha certeza de que somos nós que criamos e escolhemos os nossos pensamentos. Por isso mesmo podemos nos recusar a ter certos pensamentos.

Quantas vezes você rejeitou um pensamento positivo a seu respeito? Mesmo quando teve sucesso em um empreendimento, ou constatou uma nova conquista. Mesmo quando alguém lhe fez um elogio e você rebateu dizendo: "Você está exagerando, você está enganado." Ou não acreditou, achando que a pessoa só dizia aquilo para agradar ou obter algum benefício.

Todos nós já tivemos em algum momento ódio de nós mesmos e sentimos algum grau de culpa. Quanto mais ódio temos de nós mesmos, quanto mais culpa experimentamos, menos a nossa vida funciona. Quanto mais amor sentirmos por nós mesmos, quanto menos culpa tivermos, melhor será a nossa vida em todos os níveis. Isso inclui também a saúde do corpo.

A experiência me mostra que as pessoas freqüentemente pensam assim: "eu não sou bastante boa", "eu não faço as coisas direito" ou "eu não mereço isto".

Você é assim? Está sempre dizendo, sugerindo ou sentindo que o que faz não é bom? Que você é incompetente? Mas para quem? E quais são os padrões dessa pessoa que a acusa? Ou é você quem se acusa?

Se essas crenças negativas são tão fortes, como é que você vai poder criar uma vida amorosa, alegre, próspera e saudável? De alguma maneira, as suas crenças subconscientes não deixarão você atingir suas metas.

Descobri que o ressentimento, a censura, a culpa e o medo causam mais problemas em nossos corpos e em nossas experiências de vida do que qualquer outra coisa. Constatei também que o que acontece do lado de fora é apenas um reflexo de nossos próprios pensamentos. Se você se pegar dizendo: "todo mundo vive fazendo tal e tal coisa comigo, todo mundo me censura, me ignora, se aproveita de mim ou me maltrata", saiba que há algum pensamento dentro de você que atrai esse comportamento dos outros.

Em algum nível interior, você acredita que merece esse tratamento. Ou, então, você trata os outros assim e está apenas recebendo a mesma atitude de volta, porque o que quer que comuniquemos – mental, física ou verbalmente – sempre nos será retribuído.

Quando aprendermos a nos amar e a ser mais amorosos com os outros, eles mudarão de comportamento conosco e talvez até comecem a se transformar, e deixaremos de atrair as experiências que não queremos ter. Se você quer mudar uma experiência de vida ou um problema físico, comece dizendo assim: *Eu quero me libertar dos pensamentos que me fazem criar esta experiência negativa ou esta doença.*

Repita isso várias vezes, a cada vez que pensar em sua doença ou em seu problema. Ao fazer essa afirmação, você estará se libertando do papel de vítima e reconhecendo o seu próprio poder.

Diga agora em voz alta: *Pode ser que eu não compreenda exatamente, mas, de alguma maneira, estou começando a entender que eu contribuí para criar este problema (ou esta doença) e agora quero meu poder, livrando-me dele (ou dela) e me soltando.*

Esta é uma declaração muito forte que o seu subconsciente vai apoiar.

Capítulo V

Como já disse, alimentar ressentimentos, censurar-se, culpar-se com relação ao passado e olhar o futuro com medo são os padrões de pensamento que mais prejudicam. Eles mantêm a doença e o mal-estar dentro do corpo, podendo até mesmo destruí-lo.

O medo é capaz de contribuir para a calvície, para as úlceras, para os problemas do intestino e até para os pés doloridos, entre outras coisas. Se você vive se censurando, pode ficar com uma tendência à artrite. O ressentimento arraigado corrói o corpo e transforma-se na doença que chamamos de câncer.

A culpa sempre procura um castigo e cria a dor.

Sentimos medo porque não confiamos que o processo de vida existe para nos servir. Você sabe que a coisa mais preciosa que temos na nossa vida é a respiração. Se o ar não entrasse mais em seus pulmões na próxima inspiração, você sobreviveria apenas durante três minutos. No entanto, você tem tanta certeza de que sua próxima respiração vai acontecer, que nem pensa nisso enquanto expira.

Se o poder que nos criou nos deu a capacidade de respirar que durará até o fim de nossa vida, por que não acreditar que o resto também nos será dado? Da próxima vez que sentir medo, pense na abundância do ar e diga: *Confio que o processo da vida cuidará de mim.*

A dor crônica provém de uma culpa implacável, muitas vezes tão encoberta que não tomamos consciência de sua existência. Para que a dor seja eliminada é preciso dissolver essa culpa. A culpa é uma emoção totalmente inútil. Ela não ajuda ninguém a se sentir melhor e nem muda a situação. Liberte-se dessa prisão.

A raiva combinada com a culpa contribui, muitas vezes, para acidentes. Nós sentimos a necessidade de sermos castigados e criamos situações de risco para que isso aconteça.

Tive uma infância muito difícil. Meus pais se divorciaram quando eu tinha um ano e meio. Fui estuprada aos cinco anos. Sofri espancamentos na infância e cresci enfrentando sérias dificuldades financeiras. Minha mãe era uma vítima, e meu padrasto expressava constantemente a violência que sofrera na infância.

Cresci sentindo um enorme ressentimento. Precisei criar um câncer em meu próprio corpo antes de me dispor a libertar esse ressentimento.

Isso não quer dizer que eu concorde com o comportamento de nenhuma das pessoas que me maltrataram. No entanto, passar a vida inteira assistindo de novo àquele velho filme, sentindo necessidade de culpar, sentindo raiva e ressentimento, não me fazia bem nenhum. Aprendi que o ressentimento apenas corrói, e foi o que aconteceu comigo.

No meu caso, apegar-me a velhas culpas e sentir ressentimento com relação a tudo o que me fizeram ajudaram-me a criar minha doença. Libertar, perdoar e relaxar ajudaram a me curar.

O passado é passado, acabou. Não podemos mudá-lo agora. Mas podemos mudar nossa atitude e nossos pensamentos com relação a ele. É uma enorme perda de tempo ficarmos nos castigando no presente porque alguém nos machucou há tantos anos. Não vale a pena.

Digo freqüentemente às pessoas que alimentam ressentimentos profundos: "Por favor, comece a dissolver esse ressentimento agora, enquanto ainda é relativamente fácil. Não espere estar sob a ameaça do bisturi de um cirurgião, ou terá que lidar, também, com o pânico."

É fundamental nos libertarmos de idéias e crenças tolas, antiquadas ou negativas que não fazem nada para nos sustentar, para nos acolher.

O que achamos de nós mesmos, da vida e de Deus precisa nos fazer crescer e não nos anular.

Não importa qual seja a nossa doença. Se escolhermos acreditar que somos vítimas indefesas e que tudo está perdido, o universo nos apoiará nessa crença e estaremos derrotados.

Quando alguém me procura com um problema qualquer – saúde precária, falta de dinheiro, relacionamentos insatisfatórios ou criatividade sufocada –, meu único trabalho com essa pessoa é *fazê-la amar a si mesma.* Descobri que quando realmente nos amamos, quando nos aceitamos e nos aprovamos exatamente como somos, tudo na vida flui.

É como se pequenos milagres acontecessem por todas as partes. Nossa saúde melhora. Atraímos mais dinheiro. Temos relacionamentos melhores. Começamos a nos expressar de maneira criativa e satisfatória.

Com freqüência peço para as pessoas se olharem no espelho e dizerem: *Eu me amo e me aceito exatamente como sou.* Quando elas não conseguem ou não aceitam fazer isso, por acharem doloroso, artificial ou bobo, sei que elas estão se matando com sua própria censura.

Faça esse exercício no espelho. Veja o que lhe passa pela cabeça. Preste atenção para perceber como se sente. E saiba que o nosso principal problema é o ressentimento, a censura, é temer os outros e não se dispor a se amar ou a se aceitar. E lembre-se sempre de que quando não conseguimos nos amar é porque ainda acreditamos nas velhas limitações que alguém nos ensinou há muitos anos. E provavelmente a pessoa que nos ensinou não sabia como proceder para fazer a sua própria vida funcionar.

Mas, repito: essas crenças que perturbam e atrapalham sua vida são apenas pensamentos, e os pensamentos podem ser mudados. Vamos mudá-los neste instante. Foi para isso que escrevi este livro e preparei a meditação que o acompanha.

Acredito firmemente que, para nos amarmos, temos que começar eliminando a censura. Não devemos nunca nos censurar por coisa alguma. A censura nos prende ao pensamento com o qual estamos tentando romper. Se você compreender isso e se tratar com carinho, vai começar a se libertar desse pensamento.

Considere todos os acontecimentos de sua vida e todos os seus atos como oportunidades de aprendizagem e de crescimento. É sempre possível reparar uma ofensa e pedir perdão, mesmo que a pessoa ofendida não esteja mais presente. Mande sua luz para ela e diga-lhe em pensamento que você não gostaria de ter feito o que fez. E siga em frente, procurando acertar e dar mais amor, mesmo sabendo que, por ser humano, vai voltar a errar.

Também é importante libertar-se do passado e dispor-se a perdoar. O amor é sempre a resposta para a cura e para a saúde, e o caminho para o amor é o perdão. Por isso, para ficarmos curados, é necessário perdoar os que nos ofenderam.

É possível que você não saiba perdoar e ache quase impossível fazê-lo, mas, quando você diz que se dispõe a perdoar, inicia o processo de cura. Você não precisa saber perdoar. Basta que se disponha a perdoar. O universo acolherá esse seu desejo e se encarregará de arrumar a casa.

O mal-estar que você sente também pode provir de um estado de não-perdão. Quando estamos doentes, precisamos descobrir a quem precisamos perdoar. A pessoa que você tem mais dificuldade em perdoar é aquela da qual você mais precisa se libertar.

O perdão significa renunciar e libertar. Não significa tolerar um comportamento que nos prejudica e nos fere, nem esquecer a dor causada, porque isso não é possível. Consiste apenas em procurar desapegar-se da experiência vivida e situar-se no presente.

É fácil compreender a nossa própria dor. Mas como é difícil para a maioria de nós compreender os outros, colocar-se em seu lugar, entender seus motivos, dar-se conta de que, talvez, eles tenham feito o melhor que podiam com a consciência e o conhecimento que possuíam.

Repito mais uma vez: para nos curarmos, precisamos estar dispostos a mudar nossa maneira de pensar, a perdoar os outros, aprender a amar e a nos aceitar cada vez mais. Quando não nos dispomos a amar, estamos negando a nós mesmos nossa própria cura. Aceitar-nos e aprovar-nos no presente é a chave das mudanças positivas em nosso futuro.

Uma das maneiras de negar o amor a nós mesmos é nos julgarmos com severidade, nos censurando pelo que fazemos ou deixamos de fazer. É aceitar o nível implacável de exigência que uma educação mais rígida deixou em nós. Até mesmo o uso da palavra "deveria" é cruel, e retirá-la do seu vocabulário fará uma enorme diferença em sua vida, como certamente fez na minha.

O "deveria" nos transforma em prisioneiros. Cada vez que o usamos, estamos dizendo: "você não é perfeito", ou "você fracassou" ou "você está errado".

Comece a prestar atenção para a freqüência com que emprega essa palavra e constate o mal que ela faz. Substitua "deveria" por "poderia". "Poderia" sugere que você tem uma escolha. E escolhas significam liberdade.

Precisamos estar cientes de que tudo o que fazemos na vida é por escolha.

Na realidade, não somos obrigados a fazer nada. O que não significa que não haja coisas que nos fariam mais bem se as fizéssemos. No entanto, nós sempre temos escolha.

Portanto, todas as vezes que você se pegar usando a palavra "deveria", acenda um sinal vermelho em sua mente e, com toda a gentileza, solte-a e deixe-a ir embora. Talvez você se dê conta do seguinte: *"Minha nossa, já disse 'deveria' 27 vezes hoje. Não é à toa que sou uma pessoa tão rígida."*

Não use essa rigidez para censurar-se por isso. Uma das piores coisas que podemos fazer é nos zangarmos com nós mesmos. A raiva apenas nos prende mais rigidamente aos nossos próprios padrões. Às vezes achamos que precisamos nos zangar com nós mesmos para mudarmos. Mas pense que, apesar de ter passado anos tendo raiva de si e se recriminando, mesmo assim você ainda não mudou. Não é assim que se muda.

Pense no que acontece quando berramos e gritamos com uma criança. Toda a alegria se apaga do seu rosto e é substituída por medo. E se berramos e gritamos freqüentemente, ela murcha ou sai destruindo tudo o que vê pela frente.

Quando agimos assim conosco, o mesmo acontece com a criança

que vive dentro de nós. Perdemos nossa alegria, nossa criatividade, perdemos nossa espontaneidade, nossa liberdade e nossa saúde. Não precisamos de raiva. Precisamos nos aceitar e nos amar melhor.

Quando conseguimos nos aceitar no agora, como estamos procurando fazer neste instante, tentando eliminar censuras ou julgamentos, estamos no caminho do amor por nós mesmos, e os padrões negativos começam a se dissolver.

Se esperarmos até ter um novo emprego para nos amarmos, se esperarmos até perder peso para só então gostarmos de nós, se esperarmos que outra pessoa nos ame para que nos amemos, estaremos negando nossa existência no instante presente.

Assim, vamos libertar a raiva e todas as coisas negativas que acreditamos a nosso próprio respeito e a respeito da vida e começar o processo de aceitação e aprovação de quem e do que somos, aqui e agora. Valorizando cada pequeno avanço, sendo tolerantes com qualquer recuo, recomeçando com confiança. Sabendo que o processo é difícil, porque temos de lutar contra estruturas muito solidificadas, mas que vale a pena e traz muita paz e felicidade.

Capítulo VI

A sabedoria e a compreensão que você já está incorporando pela leitura deste livro e da meditação contida no CD vão ajudar a mudar sua vida e a dissolver os padrões negativos que foram acumulados.

Eu sugeriria também que, qualquer que tenha sido o tratamento prescrito por seu médico, procure também os serviços de um bom nutricionista. Ou leia um bom livro sobre nutrição ou aconselhe-se com alguém que saiba a importância da boa alimentação e como ela pode ajudar a reconstruir seu corpo.

Há muitas coisas que você pode fazer para auxiliar a sua própria cura – o corpo, a mente e o espírito precisam estar em equilíbrio. Parece mais trabalhoso do que é na verdade.

Comece agora, no local onde você se encontra, e vá fazendo o que puder. Se você investir um pouco cada dia, irá tendo ganhos concretos, que servirão de estímulo para continuar.

Deixe que eu repita: acredito que nascemos com o direito de ser completamente saudáveis e completamente satisfeitos em todas as áreas de nossas vidas. Reivindique e aceite este direito como seu agora e sempre.

Expresse o amor crescente por você, cuidando do milagre que

são o seu corpo e a sua mente, e veja como vai se sentir bem enquanto o faz.

O amor dissolve a raiva.
O amor nos livra da culpa.
O amor faz o medo desaparecer.
O amor é o poder que nos cura.

Meditação I

Esta meditação foi feita para as pessoas que querem manter a saúde ou curar alguma doença do corpo ou da mente.

Não importa qual seja a sua doença. Se você decidir trabalhar com as idéias que vou lhe transmitir, sua saúde certamente irá melhorar.

Não ouça esta meditação enquanto estiver dirigindo, mas ouça-a por favor todas as noites, durante pelo menos um mês.

Não importa que você adormeça durante a meditação. Deixe que as idéias entrem em sua consciência.

Você também pode ouvir esta meditação durante o dia. Não é preciso prestar uma atenção especial. Apenas deixe-a tocar várias vezes. Seu subconsciente ouve tudo.

Pratique as sugestões que estou lhe dando. Dedique algum tempo para cuidar da sua mente e do seu corpo.

Dê a você essa chance. Você a merece. Essas idéias funcionaram para muitas pessoas e podem funcionar também para você.

Meditação II

Vamos concentrar nossa atenção para construir pensamentos positivos que irão tornar nossos corpos saudáveis.

Nosso diálogo interior e nossas imagens mentais têm um efeito concreto sobre nossos corpos. Vamos então usar isso a nosso favor.

Se você quiser, pode se deitar.

Primeiro, contraia o corpo inteiro o máximo que conseguir. Torne-o tenso, tenso, ainda mais tenso. Agora, relaxe.

Respire bem fundo. Encha seu corpo como se fosse um enorme balão. Expire.

Respire bem fundo outra vez. Enquanto estiver expirando, comece a se imaginar num lindo lugar no meio da natureza. Um lugar seguro e que tenha um significado especial para você.

Respire fundo outra vez e, enquanto expira, comece a se soltar. Relaxe.

Desapegue-se do medo. Veja o medo como uma nuvem negra que paira sobre você. Você segura uma corda que mantém a nuvem aí em cima.

Agora, solte a corda. Veja a nuvem negra do medo flutuar para longe. Observe-a até ela se tornar tão pequena, que você não consegue mais enxergá-la. Sinta a sensação de alívio.

Respire fundo outra vez e desapegue-se da raiva. Desapegue-se da culpa. Desapegue-se da tristeza. Desapegue-se da inveja. Desapegue-se da tensão.

Durante alguns instantes, sinta-se completamente em paz. Não há necessidade de lutar. Você não precisa esforçar-se demais. É só o pensamento que você precisa mudar, e eu vou ajudar você.

Já passei por isso, e sei que quando dissolvemos certos padrões de pensamento ajudamos a dissolver a doença e o mal-estar.

Sua respiração está, agora, relaxando o seu corpo inteiro. Você não precisa resistir. Você está em completa segurança. Pode até mesmo dormir, se quiser.

Deixe que seu couro cabeludo e sua testa relaxem. Deixe que todos os músculos em torno dos seus olhos relaxem. Deixe os seus olhos afundarem para dentro de sua cabeça e relaxe.

Continue a relaxar o rosto. A face, os lábios, a língua, o maxilar, a garganta. Relaxe a nuca, o pescoço, os ombros. Deixe essa sensação de relaxamento se espalhar por todo o corpo, descendo pelos ombros e braços, pelos cotovelos, antebraços, pulsos e mãos.

Sinta as minúsculas pulsações nas pontas dos dedos. É a sua própria energia que pulsa. Deixe suas costas relaxarem. Deixe os músculos das costas ficarem bem pesados.

Sinta o relaxamento na parte superior do seu peito, no tórax, no abdômen, na pélvis, nos órgãos genitais.

Essa sensação de relaxamento agora vai descendo pela parte interna de suas coxas, pelos joelhos, pernas, tornozelos e pés. Sua pele está relaxando. Seus órgãos internos estão relaxando. Suas emoções estão relaxando.

Sinta a música espalhar-se por dentro de você e relaxe ainda mais. Lembre-se de que o poder que nos criou nos deu a capacidade de respirar durante toda a nossa vida. Cada vez que expira, você nunca pensa na sua próxima inspiração. Você sabe que pode contar com ela. Você tem fé e confiança, e sabe que pode contar com ela.

Agora, estenda essa fé e essa confiança às áreas do seu corpo que precisam de cura. Observe a respiração enquanto ela entra e sai do seu corpo. Note que você não precisa fazer nada.

Meditação III

Há uma inteligência interior que faz com que seu corpo respire por você. Essa inteligência que se encontra dentro de você faz parte da inteligência que criou este planeta.

Nós não estamos perdidos, não estamos sozinhos, esquecidos ou rejeitados. Somos todos protegidos. Você também é.

Estamos ligados ao poder que nos criou, e esse poder maior lhe deu o poder de criar suas próprias experiências. O poder de sua mente. Cada pensamento que você tem e cada palavra que pronuncia estão criando seu futuro. Nós agora vamos usar esse poder para criar um futuro novo e maravilhoso para você.

Você é muito mais do que o seu corpo. Você é pura consciência. Você é uma divina e magnífica expressão da vida. Você e a vida formam uma unidade, um todo.

Nenhuma pessoa, nenhum lugar e nada têm algum poder sobre você. Só você é capaz de pensar sua vida. Você é o poder criador, você é a autoridade em sua vida. Escolha agora que você vai usar o seu poder para se curar.

Sim, é verdade: quando você era criança, passou por momentos difíceis. Momentos em que sentiu solidão, rejeição e falta de amor. Talvez tenha havido abandono, maus-tratos ou humilhação em sua infância.

Sim, eu sei que você passou por momentos tristes, talvez terríveis. Alguns podem ter sido tão ruins que você nem se lembra mais deles. Mas o passado não tem poder nenhum sobre você, se você escolher viver no agora.

A força do poder está no presente. Cada momento é um novo início, e este momento é um novo início para você. Aqui mesmo, neste instante.

Então vamos pegar o passado, todo ele, e embrulhá-lo na cor rosa do amor divino para nos livrarmos dele, nos desapegarmos dele. Vamos afirmar que agora você está livre.

Você não é sua mãe nem os medos que ela sente. Você não é seu pai nem as crenças que ele possui. Você não é nenhum de seus parentes nem as opiniões deles. Você não é os professores da escola nem a sua rigidez. E você certamente não é as limitações da sua formação religiosa mais antiga.

Você é uma divina e maravilhosa expressão da vida. Você é um ser único, especial e maravilhoso. Não há ninguém como você. Desde o início dos tempos, neste planeta, nunca houve alguém como você e nunca haverá alguém igual. Por isso, não há competição ou comparação.

Você possui suas próprias habilidades, seus próprios talentos e tem sua maneira especial de expressá-los. Você merece seu próprio amor e sua própria aceitação. Não por causa do que você já fez, mas apenas por existir.

Vamos dar uma ordem ao seu subconsciente para que ele solte toda e qualquer crença negativa que possa estar criando limites ou problemas para você.

Essas crenças precisam desprender-se de você agora. Não importa se você não sabe exatamente quais são elas. Não importa há quanto tempo essas crenças negativas se encontram aí. Neste momento, ordenamos que elas sejam removidas, apagadas, eliminadas.

Vamos afirmar que você é capaz de desapegar-se e de se libertar. É seguro fazer isso.

Vamos afirmar que você quer desapegar-se de tudo aquilo que cria qualquer situação negativa em sua vida. Vamos afirmar que você quer se libertar da necessidade de trazer essa negatividade dentro do seu corpo.

Você está, agora, deixando que ela desapareça, que vá se apagando, que se dissolva no nada de onde veio.

Vamos afirmar que você quer começar a dissolver todo o ressentimento e toda a culpa. Uma das formas de derrubar os muros do ressentimento que nos mantêm presos é compreender o que se passa com a pessoa que nos feriu. É ir por trás do seu comportamento para sentir o que acontece dentro dela.

O que é que você sabe a respeito da infância de seus pais? O que é que eles sentiam quando eram pequenos? Quais eram seus medos, suas tristezas?

Quando você conseguir realmente compreender isso, não vai mais precisar perdoar. Os ressentimentos se dissolvem quando há compreensão e compaixão.

Meditação IV

A criança que mora dentro de você e a quem você acusa e culpa há tanto tempo quer ouvir você dizer que a ama. Ela quer sentir-se segura para poder se curar e permanecer saudável.

Quando você era criança, o que mais queria, acima de todas as coisas, era que as pessoas à sua volta te amassem e te aceitassem exatamente como você era.

Você ainda procura essa aprovação dos outros, mas você é a única pessoa que pode aprovar seus próprios atos. A aprovação das outras pessoas não significa nada se você não se aprovar, não se aceitar.

Quero que você se veja como uma criança de seis ou sete anos. Olhe bem fundo nos olhos dessa criança. Veja quanta ânsia se esconde ali, e saiba que só há uma coisa que essa criança deseja de você: o seu amor e a sua aceitação.

Estenda os braços e abrace essa criança. Diga a ela o quanto você a ama, que criança maravilhosa ela é. Como é linda, como é esperta, inteligente e criativa.

Ela pode cometer erros enquanto aprende, mas você sempre a amará e estará presente. Agora, faça essa criança ficar bem pequena, de um tamanho que caiba dentro do seu coração. Coloque-a dentro do seu coração.

Assim, todas as vezes que você olhar para baixo, poderá vê-la olhando para você. Você pode lhe dar muito amor.

Agora, visualize sua mãe como uma criança de cinco ou seis anos. Assustada, procurando amor, sem saber onde achá-lo.

Estenda os braços e abrace essa menina assustada. Ajude-a a se sentir segura. Diga a ela o quanto você a ama. Diga que você estará sempre presente, aconteça o que acontecer.

E quando essa menina relaxar e começar a se sentir segura, faça com que ela também fique pequena, de um tamanho que caiba dentro do seu coração. Coloque-a ali dentro, junto com a sua criança, para que elas possam dar muito amor uma à outra.

Agora, visualize seu pai como um menino de três ou quatro anos. Assustado, ele chora e procura amor. Veja as lágrimas escorrendo pelo seu rosto, porque ele não sabe para onde ir.

Então, mais uma vez, estenda os braços e abrace seu corpo trêmulo. Você sabe consolar crianças assustadas. Console-o e cante para ele. Deixe-o sentir o quanto você o ama. Não precisa dizer nada: basta abraçá-lo e transmitir o seu amor.

Deixe-o sentir que você sempre estará presente, que ele pode contar com você. Quando suas lágrimas secarem, você sentirá o amor e a paz que emanam do corpo dele.

E então faça com que ele fique bem pequeno, de um tamanho que caiba dentro do seu coração, e coloque-o ali, junto às outras crianças, para que elas possam dar muito amor umas às outras, e para que você possa amá-las o tempo todo.

Há tanto amor em seu coração que você poderia curar o planeta inteiro. Mas, por enquanto, vamos usar esse amor apenas para a sua cura.

Sinta o calor começar a irradiar bem no meio do seu coração. Sinta a ternura, sinta a bondade. Deixe essas sensações mudarem sua maneira de pensar e de falar a seu respeito.

Deixe que o amor de seu coração flua pelo seu corpo, pelas veias e artérias, pelos mais minúsculos vasos sangüíneos, banhando, encharcando e curando cada célula do seu corpo.

Deixe que esse amor transbordante do seu coração leve alegria a cada parte do seu corpo, para que todas as células sintam-se alegres enquanto trabalham para manter seu corpo saudável.

Se houver dor ou desconforto em qualquer parte de seu corpo, deixe esse amor cercar a dor e o desconforto e dissolvê-los, para que seu corpo fique livre para se curar.

Deixe que o amor inunde seu corpo como uma água fresca e translúcida, purificando tudo aquilo que tocar. Seu corpo sabe se curar. Ame-o e ajude-o nessa tarefa.

Diga para si: *Eu quero ficar bem, eu escolho a saúde.* Vamos usar o amor transbordante de seu coração para lavar qualquer antigo ressentimento, dor e amargura que possam estar dentro de você. É impossível amar de verdade sem haver o perdão.

Visualize à sua frente um pequeno palco e coloque nele a pessoa que mais lhe causa ou lhe causou ressentimento. Ela pode pertencer ao seu passado ou ao seu presente, pode estar viva ou morta.

Quando conseguir ver essa pessoa com clareza, perdoe-a. Diga a ela: *Eu te perdôo por você não ser como eu gostaria que fosse. Eu te perdôo e te liberto.*

Então, comece a ver coisas boas começarem a acontecer com essa pessoa. Coisas muito importantes para ela. Veja-a sorridente e feliz. Ela continua sorrindo enquanto você deixa que ela vá sumindo, pouco a pouco.

Agora, visualize a porta de uma prisão abrindo-se para você sair. Sinta correntes e algemas soltarem-se do seu corpo e saia ao encontro da luz do sol que ilumina a vida. Aquela pessoa está livre, e agora você também.

Quando você acordar de manhã, eu gostaria que você fosse até o espelho, olhasse em seus olhos e perguntasse: *O que posso fazer por você hoje para que você fique feliz?* Repita isso todos os dias pela manhã.

Comece a entrar em contato com aquilo que te faz bem. Se alguma coisa causar desconforto, vá até o espelho e diga: *Eu te amo. O que posso fazer neste instante para que você se sinta bem?*

Além disso, duas ou três vezes por dia, quero que você se olhe no espelho e diga: *Eu te amo, eu te amo muito, muito mesmo.*

Faça esses exercícios durante pelo menos um mês até começar a sentir-se bem. E, depois, continue a fazê-los.

Comece a repetir para si: *Eu me amo e me aceito. Eu me amo e me aceito.* Pode ser que, por enquanto, essa afirmação não lhe soe muito verdadeira, mas continue repetindo e ela se tornará verdade.

Meditação V

Uma outra afirmação que gosto de usar é: *Eu sou uma pessoa linda e todos me amam.*

O universo apoiará aquilo que você escolher acreditar a seu respeito, e, mesmo que um comportamento seu pareça errado, você estará sempre se amando e se aceitando. Chegou a hora de você se tornar seu melhor amigo, sua melhor amiga, sua companhia mais agradável.

Esse amor crescente que você sente por si começa a irradiar para fora de você, indo em todas as direções, alcançando pessoas, lugares e objetos do seu passado, presente e futuro.

Assim, o que quer que você faça, quem quer que você encontre, onde quer que você esteja, você encontrará esse amor esperando por você e ele retornará a você multiplicado.

Dedique algum tempo para si diariamente. Presenteie-se com períodos de relaxamento. Comece a visualizar seu próprio corpo se curando. Comece a se visualizar vivendo do jeito que gostaria de viver.

Imagine, neste instante, como seria bom sentir-se realmente bem, o corpo cheio de energia, fazendo exatamente o que você gostaria que ele fizesse, tornando-se completamente saudável.

Imagine-se conseguindo o que deseja na vida e atingindo os seus objetivos. Imagine que há tempo, energia e dinheiro para você fazer as coisas de que realmente gosta.

Talvez você não se permita normalmente ter tempo para fazer essas coisas, mas agora, na imaginação, pode sentir como seria ter tempo para fazer tudo aquilo de que gosta.

Ouça a família e os amigos dizendo: *Fico feliz por você estar encontrando tempo para se divertir.* Imagine as pessoas com quem você se relaciona, todas elas tornando-se mais afetuosas.

Encontre um bom motivo para se curar e para viver. Concentre-se nas prioridades da vida. Se você trabalhar com essas imagens todos os dias, quantas vezes você quiser, seu corpo reagirá à energia de cura que você está lhe proporcionando.

Seja qual for o tratamento que você escolher para ajudar a curar sua doença, mesmo uma cirurgia, repita muitas vezes que todas as mãos que entrarem em contato com o seu corpo serão mãos curativas, e seu corpo reagirá bem ao tratamento. As células do seu corpo reagem incrivelmente bem ao tratamento, e a força e a saúde retornam ao seu corpo.

Vamos afirmar que aqueles que estão ministrando o tratamento ficam impressionados com a rapidez de sua cura.

Há uma parte de você, bem lá no fundo, que sabe que você tem o poder de se curar. Não importa de onde vem a causa do mal-estar, vamos nos desprender dela. Vamos desapegar-nos dela.

Ficar saudável agora lhe dá segurança. Se há algum benefício em estar doente, vamos afirmar que você poderá ter os mesmos benefícios estando saudável.

Meditação VI

Agora, vamos concentrar nossas energias para exigir os direitos que são nossos desde o nascimento.

Você nasceu com o direito de se expressar de forma criativa e feliz. Você nasceu com o direito de fazer o que deseja e não o que os outros querem que você faça. Você tem o direito de sentir-se bem com isso.

Exigimos para você esses direitos aqui mesmo, neste instante.

Você nasceu com o direito de compartilhar a plenitude e prosperidade deste universo, de viver bem e de sentir-se à vontade para lidar com o dinheiro.

Exigimos esse direito para você aqui mesmo, neste instante.

Você nasceu com o direito de ter relacionamentos amorosos que sejam alegres e harmoniosos. De ter uma recepção amorosa aonde quer que você vá.

Exigimos esse direito para você aqui mesmo, neste instante.

Você nasceu com o direito de ter uma saúde completa e vibrante, de ter muita energia. Cada órgão, músculo e junta funcionando perfeitamente. De sentir-se bem em sua própria companhia. De dormir bem e acordar todas as manhãs com disposição e vigor para viver o novo dia com entusiasmo.

Exigimos esse direito para você aqui mesmo, neste instante.

Se houver na sua consciência alguma coisa que possa impedir ou retardar esse processo, vamos agora afirmar que você quer livrar-se dela, você quer afastá-la. Vamos dissolver e nos livrar de qualquer resistência.

Vamos afirmar que agora existe em você uma completa abertura para receber tudo o que for para o seu maior bem-estar e sua total alegria.

A bondade agora flui em sua vida, vinda por todos os caminhos. Existem muito amor e apoio cercando você. Milagres e mais milagres acontecem em sua vida.

Você, agora, quer aceitar e amar quem você é e como você é. E a inteligência universal reage a isto, envolvendo você com uma amorosa energia curativa.

Recorremos a essa extraordinária força curativa do amor. Bem no centro de nosso ser há uma fonte infinita de amor.

Vamos deixar agora que esse amor flua até a superfície. Ele

enche nosso coração, nosso corpo, nossa mente, nossa consciência, todo o nosso ser. Ele irradia de dentro de nós em todas as direções e retorna a nós multiplicado.

Quanto mais amor nós damos, mais amor temos para dar. A fonte não se esgota nunca. Dar amor nos traz muito bem-estar. É uma expressão de nossa alegria interior.

Como nós nos amamos, cuidamos de nosso corpo com amor. Procuramos alimentá-lo com comidas e bebidas saudáveis. Nós o exercitamos da maneira mais agradável possível. Nós o arrumamos e vestimos para que ele nos dê prazer.

Como nós nos amamos, procuramos morar em lugares bonitos e confortáveis. Enchemos nossa casa com a vibração do amor para que todos que ali entrarem sintam esse amor e reajam a ele.

Como nós nos amamos, escolhemos trabalhos que gostamos de realizar, usando talentos e habilidades criativas que nos trazem satisfação. Trabalhamos com pessoas a quem amamos e que nos amam, e temos um bom rendimento no trabalho.

Como nós nos amamos, nós nos comportamos e pensamos de forma amorosa com relação a todas as pessoas, pois sabemos que o que damos nos é retribuído de maneira multiplicada. Atraímos pessoas amorosas, porque elas são o espelho daquilo que somos.

Como nós nos amamos, perdoamos e nos desapegamos completamente do passado e de todas as antigas experiências. Somos livres.

Escolhemos viver plenamente no presente, aprendendo com cada experiência, sabendo que nosso futuro é brilhante, alegre e seguro. Somos um com o universo, agora e para sempre.

Tudo o que você precisa saber lhe será revelado. Tudo o que precisa virá a você através da ordem divina. Você já se encontra em processo de cura. Ela foi aceita pela sua consciência.

E a cura física e mental começa a se manifestar. Não importa que o seu consciente não tenha ouvido uma só palavra dita por mim, pois estou entrando em contato com o seu subconsciente.

Plantamos novas sementes na terra fértil do seu subconsciente, onde elas agora vão germinar, criando raízes, crescendo e tornando-se parte do seu ser.

Quando você vir os primeiros brotos, quando os primeiros resultados despontarem, não diga que são poucos. Em vez disso, afirme com alegria: *Que bom, lá vêm eles.*

A pessoa feliz sente-se bem consigo mesma. Eu sei que você se sente saudável e numa grande plenitude. Tudo está bem agora no seu mundo maravilhoso, amoroso, alegre, saudável, seguro, pacífico, próspero e criativo.

Você recebe uma proteção especial do divino.
Fique em paz.
Cuide bem de você.
Seja feliz.

INFORMAÇÕES SOBRE OS PRÓXIMOS LANÇAMENTOS

Para receber informações sobre os lançamentos da Editora Sextante, basta enviar um e-mail para
atendimento@esextante.com.br
ou cadastrar-se diretamente no site
www.sextante.com.br

Para saber mais sobre nossos títulos e autores, e enviar seus comentários sobre este livro, visite o nosso site:
www.sextante.com.br

Editora Sextante
Rua Voluntários da Pátria, 45 / 1.404 – Botafogo
Rio de Janeiro – RJ – 22270-000 – Brasil
Telefone: (21) 2286-9944 – Fax: (21) 2286-9244
E-mail: atendimento@esextante.com.br